DELIUS KLASING

ANDI WOLFF

JETZT FÄNGT'S AUCH NOCH AN ZU REGNEN!

FAHRRADCARTOONS

Delius Klasing Verlag

Bibliografische Information der Deutschen Nationalbibliothek
Die Deutsche Nationalbibliothek verzeichnet diese Publikation
in der Deutschen Nationalbibliografie; detaillierte bibliografische
Daten sind im Internet über http://dnb.d-nb.de abrufbar.

1. Auflage 2013
ISBN 978-3-7688-5349-1

Lektorat: Klaus Bartelt
Einbandgestaltung: Buchholz.Graphiker, Hamburg
Layout: Gabriele Engel
Reproduktionen: Lithotronic Media GmbH, Berchtesgaden
Druck: Print Consult, München

Delius Klasing Verlag, Siekerwall 21, D-33602 Bielefeld
Tel.: 0521/559-0, Fax: 0521/559-115
E-Mail: info@delius-klasing.de
www.delius-klasing.de

Für Mogelwölfchen,
den König der Laternensprinter

»Wenn der Postmann zweimal klingelt«, war in der Urfassung eine klassische Tragödie, in der ein radelnder Briefträger, ein schlecht gelaunter Rottweiler und der Weltmeister im Streichholz-Turmbau die Hauptrollen spielten.

Nachdem Robinson Crusoe auf der Insel eine Helmpflicht für Radfahrer erlassen hatte, schnellten die Verkaufszahlen seines Helmstudios steil in die Höhe.

Der Sponsor der Rad-Freestyle-Anlage hatte sich eine besondere Raffinesse ausgedacht, die sich auch für Experten als echte Herausforderung erwies.

Nach oben buckeln und nach unten treten: Manchmal hatte Gilbert Garcon den Hals von seinem Berufsradfahrerdasein gestrichen voll.

Die allmorgendliche Fahrt zum Kindergarten gestaltet sich mehr und mehr
zu einer prestigeträchtigen Herausforderung für ambitionierte Familienväter.

3

Oft ist man dazu geneigt, der Jugend von heute Antriebsarmut und Kreativlosigkeit zu unterstellen. Junge Freestyler widerlegen diese Behauptung mit zahlreichen neuen Sprungvarianten.

The no air in the air

The don’t wear a heavy
helmetcamera

The look my new tattoo

The lazy day

The DJ turntable

The Nowitzki

The greetings to the doctor

The oh shit, I lost my I-Pod

The tribute to old school

Um sich vor Sturzverletzungen zu schützen, belegen Profi-Radteams zunehmend Seminare zur Sturzprävention. Hierbei ist es jedoch ratsam, sich vorher gut darüber zu informieren, ob die Seminarleiter mit der Realität des Rennfahreralltags vertraut sind.

Immer mehr Bankräuber bauen auf die Zuverlässigkeit
hochmoderner Unplattbar-Reifen.

Wären sie vor ein paar Jahrtausenden etwas feinfühliger im Alltag integriert worden, hätte man das Aussterben der Dinosaurier unter Umständen verhindern können.

Schlechte Alltagsgewohnheiten von Radballern.

Haben am Vortag orkanartige Böen gewütet, sollten die bei Radsportgruppen sehr beliebten Ortsschild-Sprints nur mit äußerster Vorsicht durchgeführt werden.

Der Umstand, dass durch einen Planungsfehler das Jahrestreffen der »Gesellschaft für Slowfood und Entschleunigung« und die Downhill-Geschwindigkeitsmeisterschaften zur selben Zeit und am selben Ort stattfanden, brachte so richtig Stimmung in die Bude.

Gerade im hart umkämpften Profiradsport empfand es der Rundfahrt-spitzenreiter als große Geste, dass ihm nach einem Kettenriss ausgerechnet das Team seines ärgsten Konkurrenten ein Ersatzrad zur Verfügung stellte.

KLUGE TIPPS FÜR REISERADLER

TEIL 1

Auf den weiten Schotterstraßen Russlands ist es nicht unwahrscheinlich, dass sich Ihnen ein stellenloser Zirkusbär anschließt. Deren Gemütslage ist häufig etwas brummelig. Sie sollten es vermeiden, Bärchenwitze zu erzählen oder Ihre Waden mit wohlduftendem Honigmuskelöl einzureiben.

Wenn Radfahrer auf Jahrmärkten Luftballons beim Luftballonmann kaufen, sollten sie bei der Auswahl keine leichtfertige Entscheidung treffen.

Der Internet-Schnäppchenkauf »Nostalgisches Rad mit Überraschung« erwies sich keineswegs als Mogelpackung.

Heutige Wildschweinpopulationen haben Handlungsmechanismen entwickelt, die ihr Überleben in den immer kleiner werdenden Naturzonen sichern.

Für Liesbeth trug jede Tour mit dem Rad unweigerlich zu tiefster Bewusstseinserweiterung bei. So reifte in ihr die Erkenntnis, dass das ganze Leben nur ein einziges großes Experiment ist.

WENN DER BERG RUFT

ÜBER DIE FALSCHE VORGEHENSWEISE BEIM MOUNTAINBIKE-MARATHON-DEBÜT

Besser zu warm anziehen als auskühlen!

Die ausgewählte Radmontur sollte in den Wochen vor dem Wettkampf gewissenhaft getestet werden. Funktionswäsche, im angemessenen »Zwiebel-Verfahren« getragen, gewährt einen guten Schutz. Bauchfrei durch die Alpen zu fahren, ist sicher nicht ratsam, aber wie Captain Scott auf seiner Südpol-Expedition gekleidet zu sein, dürfte ebenfalls Nachteile mit sich bringen.

Ein paar flotte Sprüche lockern die angespannte Stimmung am Start auf!

Um 6 Uhr morgens an der Startlinie: Bei Minusgraden und mit Furcht erregenden 120 Berg-Kilometern vor Augen sind minder lustige Floskeln wie *»Alles fit im Schritt?«*, *»Besser Hüttenrast als Hungerast!«* oder *»Nur die Harten kommen in den Garten!«* eher nervtötend. Sie sollten darauf gefasst sein, mit dem Ersatzschlauch gefesselt neben dem Startbereich zwischengelagert zu werden.

Der Motor eines Ausdauerathleten läuft nur unter massiver Nudelzufuhr!

Es spricht nichts gegen eine wohldosierte Aufnahme von Kohlenhydraten im Laufe der vorabendlichen Nudelparty. Während des Rennens sollte man jedoch umschwenken auf Energie-Riegel und -Gels. Spaghetti sind unterwegs schwer zuzubereiten und können als ungekochter Snack zu bösen Verletzungen führen.

Während des Rennens so viel wie möglich trinken!

In der Tat sollte man einer Dehydrierung entschlossen entgegenwirken. Wer während des Rennens stetig den Flüssigkeitsspeicher auffüllt, legt einen wichtigen Grundstein zum Gelingen des Marathonprojektes. Eine ungewohnt hohe Dosis an Flüssigkeit kann jedoch den Organismus überlasten. Außerdem wirkt sich der Transport großer Mengen an Getränken negativ auf das Fahrverhalten Ihres Rades aus.

Die »Bestie Magen« bestmöglich bändigen!

Viele Athleten leiden besonders vor dem Start an einem nervösen Magen. Meist legen sich die Beschwerden während des Rennens. Das Betreuerteam anzuweisen, sein Hauptaugenmerk auf Verdauung statt auf Versorgung zu legen, ist ein wenig übertrieben.

Tänzerische Leichtfüßigkeit garantiert die Radbeherrschung!

Um mit seinem Rad elegant über endlos verwurzelte Singletrails tänzeln zu können, ist es nicht unbedingt erforderlich, sich in Samba, Twist oder Foxtrott zu üben. Ohne eine Portion bodenständig antrainierter Fahrtechnik dürften Sie auf Ihrem Ritt über Stock und Stein trotz klassischer Tanzausbildung bestenfalls wirken wie ein Storch im Salat.

Wer bremst, verliert!

Steile Bergab-Passagen sollten mit der richtigen Einschätzung des persönlichen Fahrvermögens und ein bisschen Demut in Angriff genommen werden. Ein übereifriger, unkonventioneller Fahrstil auf der Abfahrt führt nicht unbedingt aufs Siegertreppchen, sondern eher zu körperlichem Unwohlsein oder zu einer Topplatzierung auf Youtube.

Im Ziel muss man es krachen lassen!

Jede Zielankunft sollte mit Genugtuung und tiefster innerer Zufriedenheit genossen werden, und natürlich ist im Ziel jeder ein Sieger. Aber Platz 9735 lauthals mit Salto, Siegersäge, einem »Diver« oder sonstigen Gesten zu zelebrieren, könnte Ihnen als Selbstüberschätzung und Wahrnehmungsstörung ausgelegt werden.

KLUGE TIPPS FÜR REISERADLER

TEIL 2

Wer mit dem Rad auf den Osterinseln unterwegs ist, sollte mit räuberischen Blockadeaktionen der Insulaner rechnen. Es erweist sich dann als hilfreich, Mohrrüben und hart gekochte Ostereier mit sich zu führen, um die Räuber milde zu stimmen.

Moderne Laufräder unterstützen die Schulung von Gleichgewichts- und Bewegungssinn. Sie verschaffen Kleinkindern zudem einen größeren Aktionsradius und ermöglichen ihnen frühzeitig, die Welt aus neuen Perspektiven zu sehen.

Der Arzt hatte Dracula empfohlen, etwas für seine Gesundheit zu tun, worauf dieser sich ein Fahrrad zulegte. Im Überschwang des neuen Lebensgefühls radelte der Fürst der Finsternis unglücklicherweise tief ins Morgenlicht hinein.

Für Fahrraddiebe ist es ratsam, vor der Nutzung von entwendeten Falträdern die Gebrauchsanweisung genauestens zu studieren.

Schon in frühester Kindheit übte sich der kleine Elefant
in den wichtigen Dingen des Alltags.

Unter Berücksichtigung neuester Studien der Konfliktforschung traten Rotkäppchen, Großmutter, der Jäger und der böse Wolf zu einer größeren Tour auf einem Viersitzer an. Durch die Arbeit am gemeinsamen Ziel wollten sie unerschütterliches Vertrauen und Zuneigung zueinander entwickeln. Am zweiten Tag ihrer Reise bekam der böse Wolf leider einen furchtbaren Hungerast.

Die ersten Erprobungen neuer Radreifenprofile unter außerirdischen Bedingungen konnten nicht unbedingt als Erfolg verbucht werden.

ZIEL
1
2
3

Zum Leidwesen der Rennleitung konnten die liebevoll gestalteten Pokale für die Sieger bei den Radmeisterschaften der Lemminge wieder einmal nicht überreicht werden.

Es verdichten sich die Anzeichen, dass Elektrobike-Radler einer erhöhten Dosis an Elektrosmog ausgesetzt sind.

Der Bahnradsport hat ungeheuer an Popularität gewonnen
und sich völlig neue Kreise der Gesellschaft erschlossen.

Wenn seine fünf Töchter bei ihrer Oma in der Stadt übernachteten, überkam Zirkusdirektor Kapelle stets eine furchtbare Angst, dass sie auf dem Wege dorthin von einem Auto erfasst werden könnten.

Eigentlich lief es für das »Team 7 Zwerge« während der »Tour de 7 Berge« ganz gut. Leider misslang beim Mannschaftszeitfahren die entscheidende Verpflegungsübergabe, da sich die Teambetreuerin ihren Magen durch einen faulen Apfel verrenkt hatte.

Erwin Eber freute sich immer riesig, wenn sein
Nachwuchs mit wohlgemeintem Lob bedacht wurde.

Um Zusammenstöße zwischen rivalisierenden Fangruppen zu verhindern, setzt die Polizei bei Fußballspielen vermehrt ihre deeskalierend wirkende Kunstradstaffel ein.

Radfahrer sollten Wege meiden, die ebensfalls von Walkergruppen mit militärischer Strategieausbildung genutzt werden.

Viele Mitbürger bevorzugen das Automobil als Fortbewegungsmittel, weil sie das Prinzip des Radfahrens nicht verstanden haben.

Jahrelang hatte er für einen kleinen Obulus Wasser in Wein verwandelt und auf ein Fahrrad gespart. Überglücklich stellte Jesus nun fest, dass er mit seinem neuen federleichten Carbonflitzer sogar übers Wasser fahren konnte.

KLUGE TIPPS FÜR REISERADLER

TEIL 3

Falls Sie mit dem Fahrrad durch Indianerreservate im Norden Amerikas fahren, seien Sie sich im Klaren darüber, dass traditionell ausgerichtete Stämme auch heute noch Tauschrituale als Zeichen der Freundschaft zelebrieren.

Der Samstagnachmittag schien sich für Hans-Hermann recht angenehm zu gestalten, bis ihm bewusst wurde, dass er eine Anordnung seiner Gattin Irmgard falsch verstanden hatte.

Mutter Hamster war nicht gerade erbaut davon, dass ihr Filius immer wieder aus der Rolle fallen musste.

Die Seufzerbrücke erhielt ihren Namen in jenen Zeiten, als Venedig noch nicht mit Wasser geflutet war und unbedarfte Touristen mit ihren Fahrzeugen durch die Altstadt gondelten.

Sprecherinnen und Sprecher seriöser TV-Nachrichtenformate, die auf dem Weg zur Arbeit einen Fahrradhelm getragen haben, sollten vor Beginn der Sendung einen kurzen Blick in den Spiegel denken.

NUN WIRD DIE BERÜHMTE RITA RAKETE MIT PEDALKRAFT DIE SCHALLMAUER DURCHBRECHEN!
BSSSS...
KLACK
PENG!
OFT SIND ES DIE KLEINEN DINGE, DIE EINEM DEN TAG VERSAUEN!

Der Tag, an dem der Fun im Funpark schmerzlich an seine Grenzen stieß …

Die Tour-Verantwortlichen hatten dieses Jahr zum ersten Mal auf die traditionelle Streckenausschilderung verzichtet. Doch sie verfluchten bereits jetzt ihre Entscheidung, stattdessen Fahrer und Begleitfahrzeuge mit Navigationsgeräten des Hauptsponsors »comme ci, comme ça« ausgestattet zu haben.

...UND SCHON IN
EIN WENIG MONATEN
SIE HABEN UNGEFÄHR
IHR ZIEL ERREICHT...

Radfahrer-Flashmobs sollten es vermeiden, sich in Talsenken zu versammeln.

Wenn ehemalige BMX-Fahrer im Straßenbauamt sitzen …

Mehrmals hatten die Feldhasen in den letzten Nächten versucht, an die Salatköpfe des nahe gelegenen Bauernhofes zu gelangen. Sie wurden jedoch stets auf frischer Tat ertappt und verjagt. Beim abendlichen Warmlaufen vor einem erneuten Angriff kam einigen Hasen der Gedanke, der Bauer könnte einen Spitzel in ihre Reihen eingeschleust haben.

Infolge einer rasch umsichgreifenden Pferdegrippe sah sich Vater Cartwright gezwungen, neue Wege einzuschlagen. Um weiterhin zuverlässig den Tagesgeschäften nachgehen zu können, ließ er sich in der Schmiede Fortbewegungsmittel anfertigen, die Jahre später ihren Siegeszug in der ganzen Welt antraten.

Der fortschreitende Umbau heutiger Stadtlandschaften zugunsten der Rad fahrenden Bevölkerung entwickelt sich für Autofreunde zu einem Szenario mit erschreckenden Aussichten.

KLUGE TIPPS FÜR REISERADLER

TEIL 4

Tiger greifen ihre Opfer stets von hinten an. Um eine solche Attacke zu vermeiden, ist es ratsam, sich vor Antritt einer Reise nach Asien im Rückwärtsfahren zu üben.

Leonardo da Vinci hatte schon vor einigen Jahrhunderten ein dem heutigen Fahrrad ähnliches Gefährt entwickelt. Wegen eines großen Disputs zwischen Kette und Bart legte er die Idee jedoch zu den Akten.

Nach jahrelangen Streitigkeiten regelt ein neues Gesetz Wegerecht und Vorfahrt in den Wäldern. Von nun an müssen sich Mountainbiker, Fußgänger und Reiter jeweils mit einer Partie »Schnick-Schnack-Schnuck« Klarheit verschaffen.

Trotz skeptischer Prognosen aus Expertenkreisen konnten die Veranstalter des ersten friesischen Downhill-Cups ein großes und hochkarätiges Teilnehmerfeld verpflichten.

Neueste Ausgrabungen erlauben eine völlig neue Sicht auf die Schlacht im Teutoburger Wald. So schienen die Germanen mit ihren robusten stahlgefederten Untersätzen im zerklüfteten Gelände einen ungeheuren Vorteil gegenüber den römischen Legionen auf ihren starren und schmal bereiften Rennrädern der Marke »Via Appia« gehabt zu haben.

Es ärgerte Harald mächtig, dass er auf seiner Weltreise mit dem Liegerad am Strand von Malibu eine Liegestuhlgebühr entrichten musste.

Da sie einen ruhigeren Fahrstil garantieren, setzen sich im Mountainbike-Bereich verstärkt größere Laufräder durch. Im Zuge dieser Entwicklung überzeugten bereits mehrere Rhönradfahrer bei den aktuellen Weltcup-Downhill-Veranstaltungen.

Nur gut, dass sich Doris bei »Radsportpalast Müller« diese sündhaft teure neonfarbige Funktionsjacke gekauft hatte, um im Straßenverkehr besser gesehen zu werden.

RADSPORT-
PALAST
MÜLLER
500
Andi

Da er sich auf dem Gang zum Schlachthof bereits ein wenig verspätet hatte, entschloss Schweini sich dazu, bei der Fahrrad-Manufaktur einen fahrbaren Untersatz zu mopsen. Doch jetzt hatte er den Salat: Um ein saftiges Bußgeld würde er wohl nicht herumkommen.

Jahrelang hatte Herbert sich darauf gefreut, nach seiner Pensionierung eine Radtour durch Frankreich zu machen. Als es endlich so weit war, geriet er nach einer Pinkelpause bedauerlicherweise in eine falsche Reisegruppe.

In der Steinzeit, als es noch keine Lichtanlagen für Fahrräder gab, war Feuersteinklopper ein äußerst ehrbarer Beruf.

Was den spätesten Zeitpunkt zum Waschen der Funktionskleidung angeht, sollten die Signale der Umwelt ernst genommen werden.

Ernst-Rudolf trat völlig desillusioniert den Heimweg an. Sein Bewerbungsgespräch bot nicht gerade Anlass zur Euphorie. Im Klinikum hatten sie ihm unmissverständlich erklärt, dass für die ausgeschriebene Stelle ein Radiologe und kein Rad-Ideologe gesucht würde.

KLUGE TIPPS FÜR REISERADLER

TEIL 5

In einigen Regionen Spaniens ist es Radlern nicht zu empfehlen, große Lenkerhörnchen zu montieren. Es könnte sonst zu bedrohlichen Begegnungen mit kurzsichtigen Toreros kommen.

Beule, Prellung, Rad kaputt …, und wegen eines blöden Missverständnisses kommen jetzt statt der Ambulanz bloß die Heilsarmee und ein Notfallseelsorger.

Die Einheimischen hatten dem Extremradler Dr. Eusebio Carancha dringend nahegelegt, während seiner Himalaja-Expedition auf Gletscherspalten, Schneestürme und nicht zuletzt auf eine Bestie namens Yeti zu achten. Doch stattdessen boten sich ihm ein klarer, strahlend blauer Himmel und eine schnuckelige, mit malerischen Eiszapfen verhangene Höhle als schützendes Nachtquartier.

P.S.: Wahre Radfreunde bleiben ihrer Leidenschaft meist bis ins hohe Lebensalter treu.